AF257645

LA QUESTION DES ÉCHÉANCES

LA QUESTION

DES

ÉCHÉANCES

PROJET DE LOI

PROPOSÉ A L'ASSEMBLÉE NATIONALE

ROUBAIX, IMPRIMERIE J. REBOUX, RUE NAIN, 1
— 1871 —

LA

QUESTION DES ÉCHÉANCES

PROJET DE LOI

PROPOSÉ A

L'ASSEMBLÉE NATIONALE

Parmi toutes les questions auxquelles a donné naissance la guerre néfaste déclarée à la Prusse, la question des prorogations de poursuites pour les effets de commerce, ou, comme on dit communément : *la question des échéances*, est certainement l'une des plus importantes. Et cependant, que d'indifférence, que de légéreté, le Législateur n'a-t-il pas mis à trancher cette question !

Tandis que le gouvernement de Paris donnait régulièrement un décret mensuel de prorogation, sa délégation de Tours ou de Bordeaux laissait bien des fois ignorer au commerce les nouveaux décrets de prorogation, jusqu'à la veille et jusqu'au jour même de l'expiration des délais antérieurs. Tantôt, nous recevions de Tours un décret faisant cesser tout délai, puis, quelques jours après, lorsque déjà de nombreux protêts étaient faits, un décret contradictoire venait annuler le premier.

Il n'était cependant pas difficile de parer à de tels inconvénients. L'Allemagne avait agi bien différemment. Par une mesure large et énergique, qui a surpris nos financiers et nos administrateurs, elle a, dès la déclaration de guerre, suspendu toutes les échéances de commerce, et les a remises à trois mois après la conclusion définitive de la paix.

N'était-ce pas plus politique et plus sage, que de mettre, comme nous avons fait en France, le commerce sous le coup de prolongations successives et insuffisantes qui tiennent sans cesse ouverte devant lui, depuis neuf mois, la perspective de la faillite ?

Ce qu'on n'avait pas fait en France, lors de la déclaration de guerre, on eût dû le faire au moins, le jour où, après le premier échec de nos armées, l'ennemi entrait sur notre sol, et venait paralyser par sa présence toute transaction commerciale.

Mais, il faut bien l'avouer, le gouvernement

était entré dans une mauvaise voie, et son opiniâtreté à y persévérer trouve à peine son excuse
dans les soins qu'il devait à l'organisation des
forces militaires.

Aujourd'hui, toute préoccupation de guerre a
cessé, et le devoir de l'Assemblée est de sauve-
garder avant tout les intérêts politiques et commerciaux du pays.

A ce double titre, la question des échéances
mérite de la part des députés un examen plus
approfondi et peut-être plus sérieux.

Pour quiconque lit les débats de la séance du
10 mars, n'est-il pas regrettable de voir l'Assemblée donner à ce projet de loi une si médiocre
importance? On discute huit jours pour savoir s'il
convient de s'installer à Paris, à Versailles ou à
Fontainebleau ; deux heures suffisent pour voter
le projet de loi du 10 mars, présenté par M.
Dufaure, et pour repousser de nombreux amen-
dements. Cette loi, on peut le dire, fut votée au
galop ! Et cependant, elle décidait du sort de cent
mille maisons de commerce, elle exposait au
chômage un grand nombre d'usines, elle pouvait
amener le deuil et la ruine dans des milliers de
familles !

Fallait-il que l'Hôtel-de-Ville, les Ministères et
les Mairies tombassent au pouvoir de l'émeute,
et cela, en grande partie, grâce à l'inertie et à

l'indifférence des gardes nationaux que la loi du
10 Mars allait ruiner ; fallait-il que l'insurrection
triomphât, pour convaincre les députés de l'urgence qu'il y avait à ne pas désintéresser au
maintien de l'ordre public une si notable partie
des commerçants de Paris, et à modifier la loi du
10 Mars ? — Et cependant, quand, le 20 Mars,
M. Millière proposa à l'Assemblée de proroger de
trois mois les délais accordés pour le paiement
des effets de commerce, M. Dufaure s'empressa
de demander l'urgence, et M. le Ministre des Finances déclara qu'effectivement la loi votée était
devenue inexécutable.

On ne nous soupçonnera pas de sympathie pour
M. Millière ; et, s'il est une partie de la France,
où les excentricités politiques et les théories socia-
listes de certains députés de Paris rencontrent
non seulement l'indifférence, mais même la répro-
bation, c'est assurément dans notre département.
Tout en n'acceptant aucune espèce de solidarité
avec M. Millière, tout en infligeant même à sa
conduite récente, au sein de l'Assemblée nationale,
le blâme qu'elle mérite, nous ne pouvons nous
empêcher de reconnaître que son projet de loi sur
les échéances était raisonnable, nécessaire même,
tant au point de vue commercial, qu'au point de
vue politique.

En effet : quelle est aujourd'hui la position de

la majeure partie des commerçants qui, jusqu'à présent, ont usé des délais de prorogation ?

Ils ont leur actif immobilisé, totalement ou partiellement, soit en marchandises, soit en créances.

Depuis neuf mois, la guerre, l'invasion, le blocus, ont rendu impossible la vente des marchandises, et la rentrée des créances. Les achats avaient été faits, les marchandises existaient ; pendant neuf mois, elles sont restées immobiles, occasionnant au détenteur des frais considérables : intérêt d'argent, séjour dans les magasins et entrepôts, déplacement à l'approche de l'ennemi, détérioration inévitable, et dépréciation complète pour bien des articles, dont la saison de vente était passée.

« A-t-on bien réfléchi, » écrivait un publiciste
» distingué, M. Léon Aubineau, « que les mois de
» l'investissement de Paris, sont ceux où le com-
» merce compte sur de nombreuses réalisations, et
» où, par conséquent, il accumule ses échéances ?
» Il n'accepterait pas en temps de paix, et en
» dehors de toute perturbation politique, il n'ac-
» cepterait pas de rejeter sur les mois d'été, où
» nous entrons, les échéances de l'hiver. Il y a
» pour le commerce des saisons de récolte, et des
» saisons de préparation, absolument comme pour
» la terre.

» Un cultivateur sait que sa moisson lui ap-

» partiendra au mois de juillet ou au mois d'août ;
» mais, si elle était ravagée et détruite au moment
» d'y mettre la faulx, s'engagerait-il à fournir une
» seconde récolte de blé pour les mois d'automne
» ou d'hiver ?

» Ne serait-il pas obligé de laisser passer toute
» l'année, avant d'espérer cueillir du froment? Les
» procédés du commerce ne sont pas tout-à-fait
» aussi absolus ; le cultivateur, a qui le blé man-
» que, peut y suppléer, en quelque sorte, par des
» récoltes secondaires ; mais ces suppléments se-
» ront toujours inférieurs et insuffisants, et tout
» le monde comprend que le cultivateur, dans ces
» circonstances sinistres, a besoin de délais et de
» ménagements. »

Le commerce de la France, comme l'a dit fort
bien M. Millière, n'est pas seulement semblable à
un homme qui aurait dormi pendant six mois, et
qui, à son réveil, retournerait à sa besogne et trou-
verait tout dans le même état ; mais il sort d'une
cruelle maladie, il vient d'entrer en convalescence,
et, si le législateur ne veut pas le faire tomber
dans une rechute qui serait mortelle, il faut qu'il
lui accorde le régime que réclame sa faiblesse, et
les ménagements qu'exige sa convalescence.

Ce but était complètement atteint par le projet
de loi de M. Millière ; il assurait au commerce
trois mois de calme. Entre temps, les moyens de

transport, les communications régulières lui auraient été rendus ; il en aurait profité pour vendre.
Néanmoins, il ne faut pas se le dissimuler, sur
bien des produits, il eût fallu faire des sacrifices
pour arriver à réunir à temps les fonds nécessai-
res aux échéances ; mais il est à présumer que,
grâce à un délai de trois mois, ces sacrifices, tout
en étant lourds parfois, auraient, le plus souvent,
été limités. De telle sorte, que le débiteur aurait
pu, à l'expiration de ces trois mois, se libérer, et
conserver un certain avoir, tandis qu'un délai plus
court, l'oblige à des réalisations forcées, c'est-à-
dire, désastreuses.

On peut donc l'affirmer : ce projet de loi de M.
Millière était bon ; l'examen de la situation de la
France le prouve ; c'est aussi l'avis de tous les or-
ganes de la Presse, tant de la province et de l'é-
tranger, que de la capitale : citons parmi les journaux politiques : Le *Constitutionnel*, le *Journal
des Débats*, l'*Univers*, la *Liberté*, l'*Union*, le *Siè-
cle*, l'*Opinion Nationale* : et parmi les journaux
financiers, le *Messager de Paris*, la *Côte Libre*,
de Bruxelles, l'*Epargne*, de Londres.

C'est enfin l'avis de toutes les réunions de commerçants, et des Chambres syndicales.

On se rappelle les nombreuses pétitions en fa-
veur d'une nouvelle prorogation de trois mois, fai-
tes à l'Assemblée nationale, avant le vote du 10
mars.

Quant à l'intérêt politique du projet de loi Millière, qui peut en douter? Quels sont les fauteurs
de trouble et les perturbateurs de l'ordre? Ne
sont-ce pas, en général, ceux que le travail et la
fortune ont abandonnés, ceux à qui le désordre
offre une chance de prospérité, et l'espoir d'un
avenir meilleur? N'est-ce pas parmi la bour-
geoisie honnête, aisée et assidue au travail, que
se recrutent les plus nombreux défenseurs de
l'ordre social? Et le Gouvernement, en décrétant
une loi d'un rigorisme excessif, sans égard aux
malheurs de la guerre, aux entraves survenues
dans les affaires, n'oblige-t-il pas le commerçant
et l'industriel à satisfaire immédiatement à leurs
engagements? ne fait-t-il pas courir à la Société
un immense et inutile danger? Les ateliers et les
usines se ferment, et voilà dans la rue, d'une
part, des ouvriers sans travail, ne prenant plus
conseil désormais, que de l'oisiveté et de la faim;
d'autre part, des patrons ruinés, n'ayant en perspective que le sursis où la faillite! Sur un sol
ainsi préparé, par les votes peu réfléchis de l'Assemblée, qui ne comprend que la semence de la
révolte se lève aisément? Au moment où la lutte
se déclare entre le prolétariat et le capital, n'est-il
pas impolitique et même dangereux d'enlever à
l'armée de l'Ordre des milliers de défenseurs,
qui, par le fait, vont grossir les rangs ennemis?

Donc, au point de vue politique, M. Millière avait encore raison, et les délais qu'il demandait étaient à peine suffisants.

La proposition de M. Millière fut rejetée, et par quelle loi fut-elle remplacée? Sur quels motifs s'est-on basé? Le discours de l'honorable rapporteur doit nous servir de guide dans cet examen.

M. Gouin, rapporteur de la Commission, commence par constater que la Commission n'a pas déserté les opinions émises par elle, il y a quinze jours. C'est là une question d'amour-propre; si ces opinions sont bonnes, on lui en saura gré, mais si elles sont mauvaises, son opiniâtreté n'est ni louable, ni même justifiable.

Abordant ensuite le fond de la question, M. Gouin pose en fait que le moyen de liquider la situation présente ne consiste pas dans des prorogations successives d'échéances; il affirme que ces prorogations ne servent absolument à rien.

En voici la preuve :

« Il existe, dit-il, trois catégories de débiteurs :
» les bons, les mauvais et les douteux.

» Toutes les fois qu'un débiteur, c'est-à-dire un
» homme honnête, mais momentanément gêné,
» demandera un délai, il n'y a pas besoin d'une
» loi pour lui faire obtenir ce délai. Évidemment,
» il l'obtiendra. En ce qui concerne les débiteurs
» récalcitrants, ce ne sera pas une prorogation

» de plus ou de moins qui permettra à son créan-
» cier d'espérer d'être payé plus tôt. Quant aux
» mauvais débiteurs, nous n'avons pas à nous en
» préoccuper ; aucune loi ne peut les atteindre. »

Ce raisonnement nous paraît complètement vi-
cieux. M. Gouin semble se placer dans l'hypo-
thèse d'une dette directe, et non pas d'une dette
provenant de l'acceptation d'un effet de commerce.

« Toutes les fois qu'un bon débiteur, c'est-à-
» dire, un homme honnête, mais momentanément
» gêné, demandera un délai, il n'y a pas besoin
» d'une loi pour lui faire obtenir ce délai, *évidem-*
» *ment il l'obtiendra.* »

M. Gouin l'affirme, mais y a-t-il bien réfléchi ?
en est-il bien certain ? voudrait-il le garantir ?

Pour notre part, nous en doutons. Au point de
vue légal, ce raisonnement ne nous paraît pas
exact. Il est bien vrai de dire, qu'aux termes de
l'art. 1244 § 2 du Code civil, « les juges peuvent,
» en considération de la position du débiteur..,
» accorder des délais modérés pour le paiement...,»
mais, d'un autre côté, l'art. 157 du Code de commerce refuse aux juges le pouvoir d'accorder
» aucun délai pour le payement d'une lettre de
» change, »

Or, si, par dérogation à cette disposition, le
Législateur a étendu aux effets de commerce l'application de l'art. 1244, il ne l'a pas fait d'une façon

absolue, et la loi du 10 mars, dans son art. 5, té-
moigne assez des restrictions qui y sont appor-
tées. Cette loi ne permet l'application de l'art. 1244
que dans les départements occupés par les troupes
étrangères, conformément à l'art. 3 du traité
du 26 février.

Les mêmes délais peuvent être accordés par
les tribunaux de commerce de toute la France,
mais à une catégorie de personnes seulement,
c'est-à-dire « aux souscripteurs d'effets qui, rete-
» nus hors de chez eux pour le service de l'armée
» régulière et de l'armée auxiliaire, seraient mo-
» mentanément dans l'impossibilité de payer. »

La loi du 24 mars permet « au tribunal de com-
» merce de la Seine, pendant le cours de l'année
» 1871, d'accorder des délais modérés pour le
» paiement des effets de commerce, conformé-
» ment à l'art. 1244, § 2, du Code civil. »

On le voit donc, la faculté pour le juge d'accorder des délais, est singulièrement restreinte; et,
à part les cas prévus parles lois des 10 et 24
mars, nous ne pensons pas que les tribunaux
consulaires, malgré toute leur indulgence, puis-
sent, sans y être autorisés spécialement, violer
l'art. 157 du Code de Commerce; car cette disposition reprend son empire, en dehors des excep-
tions que nous venons de signaler. Il n'est donc
pas vrai de dire, comme le fait M. Gouin, qu'un

débiteur honnête, mais momentanément gêné, puisse être sûr d'obtenir le délai qu'il sollicite.

Comment et par qui l'obtiendra-t-il ?

Supposons même qu'il puisse l'obtenir par application de l'art. 1244. Cette mesure serait tout-à-fait insuffisante, et telle n'a pu être la pensée de l'honorable rapporteur.

Un honnête homme, momentanément gêné, mérite-t-il de subir l'humiliation d'une pareille demande en justice ? Et, quand il se résignerait à subir pareille humiliation, cette demande ne serait-elle pas pour lui un immense malheur ? ne serait-elle pas la perte de son crédit, et, en quelque sorte, sa mort commerciale ? Qui ne sait, en effet, que ces demandes de délais ne peuvent être utilement formulées par le débiteur, qu'après le protêt, et alors qu'une assignation en paiement le force à comparaître pardevant le tribunal. Le bénéficiaire d'une pareille loi peut échapper à la faillite, mais non au discrédit, et à une liquidation forcée à courte échéance.

Et cependant il est honnête homme et débiteur solvable !

L'article 1244 appliqué à cette catégorie de débiteurs, serait donc un remède dérisoire et cruel ; il en faut d'autres au milieu de la crise actuelle, non moins terrible qu'imprévue ! Aussi, quand M. Gouin dit du bon débiteur qu'évidemment il obtiendra le délai, il entend dire sans aucun doute, que c'est du créancier, et non pas du tribunal qu'il l'obtiendra. Mais ici, l'honorable rapporteur oublie complètement qu'il s'agit d'effets de commerce, et non pas de créances directes. S'il ne s'agissait que d'une dette directe, on conçoit que le créancier accorde volontiers à son débitenr un certain délai de paicment ; encore faudrait-il que ses ressources le lui permissent, mais il s'agit de toute autre chose: Le débiteur se trouve, par l'acceptation de l'effet de commerce, non pas en présence de son créancier direct, mais en présence d'un *tiers porteur*. Celui-ci ne se soucie guère d'accorder des délais; au contraire; dès que sa créance est exigible, et qu'il y a refus de paiement, il s'empresse de faire lever le protêt, afin de s'assurer le recours contre son endosseur. Or, le plus souvent, cet endosseur n'a pas les fonds liquides pour effectuer le remboursement immédiat de ces valeurs impayées; s'il avait eu les fonds disponibles, il n'aurait pas escompté l'effet, et cela au taux de 6 0/0. De plus, le porteur des effets de commerce étant généralement le banquier, celui-ci ne peut, au risque d'immobiliser tout son capital, accorder de délai pour le remboursement. Du reste, ayant deux débiteurs qui, tous les deux, peuvent être considérés comme bons, il est assuré qu'en faisant immédiatement valoir ses droits il sera payé intégralement et à bref délai.

Posons un exemple :

Un fabricant possède une fortune de 75,000 francs; il avait acheté, payables à trois mois, environ 200,000 francs de matières premières. Il les avait fabriquées, avait envoyé les tissus à son commissionnaire de Paris, possesseur d'une fortune de 25,000 francs, et s'était remboursé sur lui du montant de sa facture, par des traites à trois mois. Il avait fait l'escompte de ces valeurs chez son banquier, et en avait appliqué le produit au paiement de ses matières premières.

Mais voilà le commissionnaire, surpris par les événements ; il n'a pu ni vendre ni expédier les tissus en question, et aujourd'hui encore, la guerre et la révolution les tiennent pour ainsi dire séquestrés dans ses magasins. Néanmoins, l'Assemblée décrète que, dans quelques jours, la prorogation des échéances cessera : elle l'oblige à payer. Qu'arrivera-t-il ? Le porteur fera protester les 200,000 francs; on mettra les tissus en vente publique, ils ne produiront pas plus de 100,000 francs, soit, sur le montant des traites, un déficit de 50 °/₀. Le capital du fabricant ajouté à celui du commissionnaire, serviront à parfaire les autres 50 °/₀. Voilà donc un actif en marchandises de 200,000 francs, deux fortunes s'élevant ensemble à 100,000 francs engloutis pour payer un passif de 200,000 francs ! Voilà deux bons débiteurs, qui verront sombrer en un jour, et par suite d'une loi inexécutable, la fortune, le crédit, l'avenir.

On objectera peut-être le *renouvellement*. Mais encore une fois, ce n'est là qu'un palliatif. Le débiteur se trouve de nouveau à la merci de son créancier, qui peut, suivant sa fantaisie ou son intérêt, accorder le renouvellement ou le refuser. En outre, le renouvellement est souvent impossible en pratique, lorsque la valeur, escomptée au banquier, a été par lui endossée à des tierces personnes. A l'échéance, il ne lui est pas possible de tout rembourser, et il ne pourrait, sans nuire à son propre crédit, demander à ses divers cessionnaires, de vouloir accepter des renouvellements.

Ni l'art. 1244, ni le renouvellement ne sont de vrais remèdes ; il faut une prorogation large, de trois mois au moins, comme le demandait M. Millière; il la faut surtout pour les bons débiteurs.

Quant au mauvais débiteur, il est évident que ce n'est pas pour lui qu'on sollicite des délais. Espérons toutefois que, malgré les circonstances malheureuses, la catégorie de ces débiteurs n'entrera que pour une faible part dans le chiffre énorme des effets prorogés! On est certainement en dessous de la vérité en évaluant à *deux millions* d'effets, et *deux milliards* de francs, le nombre et le total des valeurs prorogées, tant dans le portefeuille de la Banque de France, que des banques particulières. Si, en présence d'un pareil chiffre, les mauvais débiteurs n'étaient relativement peu nombreux, quel serait l'avenir commercial de la France ?

Passons à la troisième catégorie de débiteurs, les débiteurs douteux.

Qu'il soit permis de faire observer à M. Gouin, qu'il ne définit pas bien clairement ce qu'il entend par débiteur douteux. Il emploie d'abord l'épithète « douteux » puis il parle de débiteurs « récalcitrants. »

« En ce qui concerne les débiteurs récalci-
« trants, dit-il, ce ne sera pas une prorogation
« de plus ou de moins qui permettra aux créan-
« ciers d'être payés plus tôt. »

Encore une fois, M. Gouin ne s'exprimerait pas ainsi, s'il ne perdait pas de vue qu'il s'agit d'échéances d'effets de commerce. On a vraiment de la peine à comprendre qu'il puisse exister, parmi les accepteurs d'effets de commerce, des débiteurs récalcitrants. Par compte courant, cela se conçoit ; mais non pas par lettre de change : Qu'arrive-t-il ? A l'échéance, si une traite n'est pas payée, on la proteste, les frais en incombent au débiteur; et il n'aurait rien gagné pour avoir été récalcitrant. Si donc, il ne paie pas, c'est qu'il est dans l'impossibilité de le faire, du moins momentanément. Toutefois, il se peut fort bien que, malgré le prôtet, le débiteur ne soit pas mauvais, mais que sa solvabilité dépende, en grande partie, de la réalisation bonne ou désastreuse de son actif. Et, dans ce cas encore, la prorogation est infiniment préférable à l'art. 1244 du Code Civil, tant au point de vue du débiteur, qu'au point de vue du créancier.

En résumé, un examen quelque peu sérieux des diverses catégories de débiteurs, dont parle M. Gouin, nous donne immédiatement la preuve de l'utilité du projet de loi de M. Millière. Aussi, M. Gouin, en essayant de le combattre, n'a rien démontré, il n'a rien expliqué. Il s'est contenté d'affirmer ce qu'il aurait dû prouver.

Et puis, comme trait final à une démonstration fort peu péremptoire M. Gouin s'écrie :

« Il est temps de fermer l'ère des prorogations !»

A quoi bon, lui dirons-nous, si vous ouvrez l'ère des faillites !

Quant à la loi votée, avec l'amendement de M. Cochery, elle est très-défectueuse, et devra être modifiée.

D'abord, le délai de trente jours est tout à fait insuffisant ; il l'eût été, si, immédiatement après la promulgation de la loi, le calme etait revenu à Paris ; il l'est à plus forte raison aujourd'hui, que l'ordre a été de plus en plus troublé, et que jamais, même pendant le siége, il n'y a eu à Paris et en province, une stagnation d'affaires aussi complète.

Ensuite, la prorogation accordée aux effets échéant du 13 mars au 25 avril seulement, crée une situation anormale. L'effet échéant primitivement le 13 septembre, sera exigible en même temps que l'effet échéant primitivement le 24 septembre; et il pourra se faire, qu'un débiteur paie son acceptation au 24 septembre, au détriment du porteur de son acceptation au 13 septembre ! Bien plus : d'après l'article 2 de la loi du 10 mars, l'effet échéant primitivement le 12 janvier, n'est exigible que le 12 juillet, tandis que l'effet échéant le lendemain, 13 janvier, est exigible un mois|plus tôt, soit le 13 juin. Cette confusion et cette inversion d'échéances constituent, même en droit, une énormité.

Enfin, l'idée de reporter sur un seul mois, le mois de mai, les échéances d'août et de septembre, semblerait plutôt avoir pour but d'enrayer les moyens de libération que de les faciliter. M. Gouin dit à ce sujet : « Nous ne nous sommes » pas dissimulés l'*inconvénient* qu'il y avait à ac- » cumuler du 13 avril au 12 mai les échéances de » deux mois ; inconvénient un peu amoindri par » les paiements effectués depuis le 13 mars ; mais

» nous nous sommes surtout inspirés de la situa-
» tion présente, si exceptionnellement doulou-
» reuse et grave. »

M. Gouin trouve que cette accumulation d'é-
chéances, est un *inconvénient* ; le mot est vraiment
naïf, et l'on croirait difficilement qu'il s'agit
d'un danger immense, d'une impossibilité. Il
ajoute : « inconvénient un peu amoindri par les
paiements effectués depuis le 13 mars ! » N'est-il
pas dérisoire de parler de paiements effectués depuis le 13 mars, alors que, de l'aveu de M. le ministre des finances, la loi du 10 mars était iné-
xécutable, ou, en d'autres termes, que les paiements devenus obligatoires, n'ont pu être effectués ?

« Mais, » reprend M. Gouin, « nous nous som-
» mes surtout inspirés de la situation présente,
» si exceptionnellement douloureuse et grave.»
Franchement, M. Gouin, l'ironie est très-réus-
sie, mais elle est par trop amère !

M. Péconnet donne aussi la mesure de l'intérêt
que lui inspire le commerce, lorsqu'il dit : « Pour
» les négociants quisont de bonne foi et de bonne
» volonté, et qui sont véritablement victimes de
» circonstances dont on ne pourrait les rendre
» responsables, la situation a déjà été prévue, et
» l'intérêt qu'ils *peuvent mériter* (M. Péconnet
» semble se demander si vraiment ils en méri-

» tent) trouve sa garantie dans l'art 1244 du
» Code Civil. »

Le lecteur sait déjà ce qu'il doit penser de ce
fameux art. 1244, et de son application ; autant
vaudrait, nous semble-t-il, prétendre qu'il n'est
besoin nide vigilance publique ni de police, et que
l'intérêt, que peut mériter la vie des citoyens,
trouve sa garantie dans le droit qu'aurait l'Etat,
de déclarer après décès, l'innocence de la vic-
time, voire même d'adopter la veuve et les orphe-
lins.

M. Péconnet, comme M. Gouin, a hâte d'en finir
avec la prorogation. « Il est des commerçants,
» dit-il, qui, à cause des malheurs de la patrie,
» ont fait d'énormes bénéfices, et qui ont, en
» réalité, spéculé sur les prorogations. » Soit,
que quelques rares négociants aient continué à
gagner de l'argent pendant la guerre, grâce à la
prorogation, nous n'y voyons pas grand mal. Au
contraire, les bénéfices réalisés par ces négociants, augmentent la fortune publique de la
France ; plus les ressources individuelles seront
grandes, moins il sera difficile de payer l'indem-
nité de guerre. Quand il s'agira de régler les
dettes, ce ne sera pas à la porte des commerçants
ruinés, que le gouvernement frappera avec succès.
Du reste, puisque ces négociants ont réalisé
d'énormes bénéfices, la créance qu'on avait à leur

charge s'est améliorée, et le porteur d'effets accep-
tés par eux, est certain d'être payé, capital et
intérêts, à l'expiration des derniers délais.

Certains membres de l'Assemblée semblent se
plaire à répéter sur tous les tons, qu'il faut mettre
fin à toute prorogation, que le commerce n'en a
pas besoin ; mais ces messieurs ont-ils bien réfléchi que, vu l'état actuel de la France, la prorogation est une chose tellement indispensable que
la Banque de France elle-même, le premier éta-
blissement financier du monde, a besoin, elle aussi,
d'une loi de prorogation. Le décret du cours forcé
de ses billets, n'est autre chose qu'un décret de
prorogation à longue échéance, pour ne pas dire,
à perte de vue.

La loi, telle qu'elle a été votée le 24 mars, est
malheureuse sous tous rapports ; elle offre autant
d'inconvénients que le projet de loi Millière n'of-
frait d'avantages.

Il est du devoir de l'Assemblée, à la prochaine
révision de sa loi, de mieux étudier cette question ;
elle mérite tout son intérêt ; elle est d'une extrême
importance, tant pour le commerce de Paris que
pour le commerce de la province. Malheureuse-
ment la province, n'est que trop solidaire de Paris ; lorsque Paris est mort, disait M. Gouin, le
crédit et l'industrie du pays tout entier sont at-
teints. Les motifs qui existent pour proroger à

Paris, existent également en province. Si l'Assemblée ne prend pas des mesures plus larges et plus radicales, si elle n'accorde pas des délais plus grands, elle sera responsable de la ruine d'une infinité de commerçants et d'industriels honorables.

Nous faisons un appel à tous les députés, et surtout aux députés du Nord ! En acceptant leur mandat, ils ont contracté l'obligation morale de défendre au sein de l'Assemblée, les intérêts politiques et commerciaux de notre département.

L'industrie et le commerce du Nord traversent une crise terrible, et il faut que le législateur apporte de grands adoucissements aux lois ordinaires, s'il veut nous arracher à un désastre imminent et général. Neuf mois durant, administrations municipales, institutions de bienfaisance, particuliers, tous ont rivalisé de zèle et de dévouement pour venir en aide à l'ouvrier ; qu'un amour excessif de la légalité ne rende pas inutiles pour nos populations, tant et de si lourds sacrifices ! Que nos députés appuient auprès du Gouvernement et auprès de l'Assemblée, la demande d'une nouvelle prorogation. Mais, cette fois, que la loi soit facile dans la pratique, complète dans son énoncé ; que la mesure soit généreuse, qu'elle soit efficace ; qu'elle nous donne la sécurité nécessaire à une bonne liquidation.

Confiants dans le patriotisme de nos députés, et dans leur dévouement aux intérèts de leurs concitoyens, nous osons leur soumettre la formule motivée d'un projet de loi qui nous semblerait réunir ces divers avantages ; la voici :

Projet de Loi

Considérant que les troubles, qui affligent la France, ont apporté à la situation du commerce, déjà si éprouvé par la guerre, une nouvelle aggravation ;

Qu'ils occasionnent la suppression des communications postales, et qu'ils retardent beaucoup le rétablissement des communications télégraphiques et des transports de marchandises par chemin de fer ;

Qu'ils jettent la défiance dans le pays et à l'étranger, et éloignent de la France, les acheteurs de toutes les contrées ;

Qu'ils ébranlent le crédit public et forcent la Banque et les Banquiers à arrêter ou à restreindre notablement leurs escomptes ;

Qu'ils paralysent complètement les affaires et empêchent le commerçant de vendre ses marchandises, ou, à défaut de réalisation immédiate, d'obtenir un crédit même modéré ;

Considérant d'autre part, que c'est surtout pour les effets échéant du 13 Août au 12 Novembre, que le législateur doit accorder des facilités, par la raison que ces effets, créés avant la guerre, l'ont été dans l'ignorance d'un évènement inattendu, qui a jeté tout-à-coup la perturbation dans le commerce et rendu, sinon impossibles, du moins très difficiles, les moyens de libération ;

Considérant enfin, quant aux effets de création postérieure au 15 Août, que certains d'entr'eux ont obtenu, par la loi du 10 Mars, sept mois de prorogation, et que, si une loi postérieure ne peut convenablement abréger le délai, Il convient cependant de ne pas accumuler du 13 Juin au 12 Juillet, les échéances de cinq mois ;

L'assemblée nationale adopte la loi suivante :

Art. 1. Les effets de commerce souscrits avant ou après la loi du 13 août, et venant à échéance après le 12 avril prochain, ne jouiront d'aucune prorogation de délai, et seront exigibles suivant les règles du droit commun.

Art. 2. Tous les effets de commerce échus du 13 août au 12 novembre 1870, seront exigibles un an, date pour date, après l'échéance primitive inscrite aux effets.

Les effets échus du 13 novembre 1870 au 12 avril 1871 seront exigibles, sept mois, date pour date, après l'échéance primitive inscrite aux effets.

Art. 3. Pour tous les effets de commerce mentionnés à l'art. 2 de la présente loi, les intérêts courront *de plein droit* depuis le jour de la première échéance.

Néanmoins, tout débiteur de billet à ordre, lettre de change, billet au porteur, ou autre effet négociable, dont le porteur ne se sera pas présenté dans les trois jours qui suivront celui de l'échéance, pourra se libérer, tant du principal que des intérêts, en consignant la somme portée au billet et les intérêts de cette somme, depuis l'échéance jusqu'au jour du dépôt, conformément à la loi du 6 thermidor an III et à l'ordonnance royale du 3 juillet 1816.

Art. 4. Toutes dispositions contraires aux présentes, contenues dans d'autres lois ou décrets, sont et demeurent abrogées.

Pendant les neuf mois qui viennent de s'écouler, le commerce a reçu blessure sur blessure ; il demande pour les guérir, les trois mois qui vont suivre. Est-ce trop? Effaçons du calendrier commercial l'exercice néfaste de 1870 ! Que cette année fatale, après avoir été témoin des désastres de nos armées, n'assiste pas à la déroute des capitaux, et à l'effondrement de la fortune et du crédit publics !

L'Allemagne victorieuse et conquérante accorde plus d'un an de prorogation ; la France envahie et vaincue se verrait refuser même un an !

Non ; il n'en sera point ainsi ; il y va du salut du commerce et de l'industrie ; il y va du bien-être de l'ouvrier et de la prospérité des patrons !

Le Nord en appelle à ses députés, et il espère que sa demande pacifique trouvera meilleur accueil auprès de l'Assemblée et du gouvernement, que les démonstrations belliqueuses et violentes dont Paris nous a donné le triste exemple.

IMP. J. REBOUX, ROUBAIX